# Atme & Blühe 2

**Copyright © Redom Books 2025**
Alle Rechte vorbehalten.

Der Inhalt dieses Buches darf ohne direkte schriftliche Genehmigung des Autors oder des Verlags weder reproduziert, vervielfältigt noch übertragen werden.

Unter keinen Umständen können der Verlag oder der Autor für Schäden, Wiedergutmachung oder Geldverluste, die direkt oder indirekt auf die in diesem Buch enthaltenen Informationen zurückzuführen sind, verantwortlich gemacht werden. Sie sind für Ihre eigenen Entscheidungen, Handlungen und Ergebnisse verantwortlich.

Rechtlicher Hinweis:

Dieses Buch ist urheberrechtlich geschützt und ausschließlich für den persönlichen Gebrauch bestimmt. Ohne vorherige Zustimmung des Autors oder Verlags dürfen Inhalte weder verändert, verbreitet, verkauft, genutzt, zitiert noch paraphrasiert werden, weder ganz noch teilweise.

Haftungsausschluss / Hinweis:

Bitte beachten Sie, dass die in diesem Dokument enthaltenen Informationen ausschließlich zu Bildungs- und Unterhaltungszwecken bereitgestellt werden. Es wurde größtmögliche Sorgfalt darauf verwendet, genaue, aktuelle, zuverlässige und vollständige Informationen bereitzustellen. Es werden keinerlei Garantien oder Gewährleistungen – weder ausdrücklich noch stillschweigend – übernommen. Die Leser erkennen an, dass der Autor keine rechtliche, finanzielle, medizinische oder sonstige professionelle Beratung anbietet. Der Inhalt dieses Buches wurde aus verschiedenen Quellen zusammengestellt. Bitte konsultieren Sie einen zugelassenen Fachmann/-frau, bevor Sie die in diesem Buch beschriebenen Techniken anwenden.

Durch das Lesen dieses Dokuments erklärt sich der Leser damit einverstanden, dass der Autor unter keinen Umständen für direkte oder indirekte Verluste haftet, die durch die Nutzung der in diesem Dokument enthaltenen Informationen entstehen – einschließlich, aber nicht beschränkt auf Fehler, Auslassungen oder Ungenauigkeiten.

# Atme & Blühe 2

Eine weltweite florale Ausmalreise für Ruhe und Frieden.

Rosa Englerton

# So verwenden Sie dieses Buch

Hallo und vielen Dank, dass Sie uns auf dieser Reise zu Frieden und Entspannung begleiten.

Dieses Malbuch kombiniert natürliche Motive mit Atemübungen, die Ihnen helfen, zu Ruhe und Entspannung zurückzufinden.

„Help Yourself" bekräftigt Ihr Recht auf Ruhe und Erneuerung. Es verlagert Ihren Fokus von Starrheit hin zu einem Gefühl von Freiheit und Leichtigkeit. Unterstützen Sie sich selbst mit mentaler Klarheit in chaotischen Momenten. Bestärken Sie Ihren Willen und Ihr Handlungsvermögen in stressigen Zeiten. Finden Sie einen sicheren Rückzugsort in Ihrem Inneren. Stellen Sie Ihre innere Stärke und Balance wieder her.

Das Buch enthält zehn Abschnitte, gefolgt von zehn großformatigen Blumenmotiven zum Ausmalen.

Beginnen Sie mit dem Lesen der Atemübung. Meditieren Sie einige Minuten darüber und beginnen Sie dann mit der Atmung. Schließen Sie die Augen. Suchen Sie nach dem Licht des Schöpfers. Entspannen Sie sich und legen Sie sich vertrauensvoll in Seine Hände.

Jetzt sind Sie bereit, Ihre liebsten Buntstifte, Wachsmalstifte oder Marker zur Hand zu nehmen und sich ganz in die Blume und die Farben hineinfallen zu lassen. Seien Sie frei. Stellen Sie sich vor, Sie befinden sich im Garten des Paradieses. Sie haben die Kontrolle. Die Blume ist Ihre Freundin und lässt Sie die Farben wählen, die Sie ihr schenken möchten. Gestalten Sie den Hintergrund mit Mustern – oder zeichnen Sie Ihre eigenen Blumen.

Wenn Sie mit dem Ausmalen fertig sind, betrachten Sie die Blume und wiederholen Sie die Atemübung. Wenn Sie Zeit haben, machen Sie einen Spaziergang im Park. Betrachten Sie das Grün, schauen Sie sich die Blumen an, nehmen Sie die Farben der Welt um Sie herum wahr.

*Respira.*
*Alles ist in Ordnung.*
*Du bist jetzt stärker.*

Gott segne dich!

### *Duft der Vorstellungskraft*

Betrachte die Blume auf der gegenüberliegenden Seite.

- Schließe die Augen
- Stell dir den Duft dieser Blume vor
- Stell dir ihre Farbe vor

### *Gedanken wie Wolken*

Setz dich still hin und stell dir vor, deine Gedanken sind wie Wolken, die über den Himmel treiben. Beobachte, wie sie kommen und gehen, ohne an ihnen festzuhalten oder sie wegzustoßen. Häng eine deiner Sorgen an eine Wolke – und puste sie fort.

## Bestärkender **Spruch**

*Ruhe ist kein Ziel. Es ist ein Atemzug, zu dem ich zurückkehre.*

*Katmon-Blume – Philippinen*

*Kava – Asien*

*Lavendel – Frankreich*

*Hibiskus – Asien*

*Lotusblume – Paraguay*

*Amerikanische Wildapfelblüte*

## *Duft der Vorstellungskraft*

Betrachte die Blume auf der gegenüberliegenden Seite.

- Schließe die Augen
- Stell dir den Duft dieser Blume vor
- Stell dir ihre Farbe vor

## *Blume in deiner Handfläche*

Stell dir vor, du hältst eine Blume in deiner Handfläche. Spüre ihr Gewicht, ihre Textur und ihre Weichheit. Sie ist seidig – wie deine Haut. Atme langsam ein, nimm ihren Duft wahr und atme sanft wieder aus.

## Bestärkender **Spruch**

*Ich atme Klarheit ein.
Ich atme den Lärm aus.*

*Ich atme Freiheit ein,
Ich atme den Schmerz aus.*

*Wilde Malve – Polen*

*Blüte des Mandacaru Kaktus – Brasilien*

*Manuka – Neuseeland*

*Jacarandablüte – Bolivien*

*Miosotis – Deutschland*

*Narzisse – Iberische Halbinsel*

*Schraubenpalme – Polynesien*

### *Duft der Vorstellungskraft*

Betrachte die Blume auf der gegenüberliegenden Seite.

- Schließe die Augen
- Stell dir den Duft dieser Blume vor
- Stell dir ihre Farbe vor

### *Der Neustart-Atemzug*

Atme einmal tief durch die Nase ein, halte den Atem für 2 Sekunden an und atme dann mit einem langen Seufzer aus. Tu dies achtsam und mit voller Absicht. Beim Ausatmen – stoße deine Sorgen aus. Lass den Schmerz los. Atme den reinen Duft des Paradieses ein.

**Bestärkender Spruch**

*Selbst jetzt kann ich mich für die Stille entscheiden.*

*Klatschmohn – Kanada*

*Pelargonie – Südliches Afrika*

*Pfingstrose – Europa*

*Klatschmohn aus Ägypten – Ägypten*

*Purlula – Schweiz*

*Protea – Südafrika*

*Retarla – Peru*

*Damascena – Bulgarien*

Rose - Frankreich

### *Duft der Vorstellungskraft*

Betrachte die Blume auf der gegenüberliegenden Seite.

- Schließe die Augen
- Stell dir den Duft dieser Blume vor
- Stell dir ihre Farbe vor

### *Drei Dankbarkeits-Atmung*

Bei jedem der drei tiefen Atemzüge nenne still für dich eine Sache, für die du dankbar bist. Groß oder klein.

## Bestärkender Spruch

*„Mein Atem ist mein Zufluchtsort. Ich kehre zu ihm zurück, wenn die Welt zu laut erscheint – er ist beruhigend und friedvoll."*

*Rosmarin-Blume – Iran*

*Sandelholz – Asien*

*Sophora Tetraptera – Neuseeland*

*Strelitzia — Südafrika*

*Konische Blume von Tennessee – USA*

*Trilir grandiflower – Kanada*

## *Duft der Vorstellungskraft*

Betrachte die Blume auf der gegenüberliegenden Seite.

- Schließe die Augen
- Stell dir den Duft dieser Blume vor
- Stell dir ihre Farbe vor

## *Färbe deine Ruhe*

Schließe deine Augen und während du dir das Ausmalen vorstellst, sage dir innerlich:

- „Ich bin hier."
- „Es geht mir gut."
- „Ich lasse los."

## Bestärkender **Spruch**

*Ich bin sicher. Ich bin ruhig. Ich bin genug, ich kann mein Leben weiterführen zu neuen, schönen Horizonten.*

*Tsubaki – Japan*

*Tulpe – Niederlande*

*Waratah – Australien*

*Hölzerne Anemone – Norwegen*

Gelbe Margerite – USA

*Zinnia Elegans – Mexiko*

*Paz*

www.ingramcontent.com/pod-product-compliance
Lightning Source LLC
Chambersburg PA
CBHW051353070526
44584CB00025B/3743